LA

RÉPUBLIQUE FRANÇAISE

JUGÉE PAR SES ACTES,

OU

HUIT ANNÉES DU RÈGNE DE LA LIBERTÉ,

PAR L. CASTEL.

> « Le corps politique était malade : nous avons été envoyés pour le guérir ; nous avons créé une faculté de médecine ou un comité de gouvernement pour nous aider dans cette cure importante. Eh bien ! qu'ont-ils fait ? quels secours ont-ils portés au corps politique ? Ils l'ont saigné aux quatre membres et à la gorge pour le tuer. Il faut faire notre procès à tous, ou la postérité nous le fera. »
>
> (LEGENDRE, 1794.)

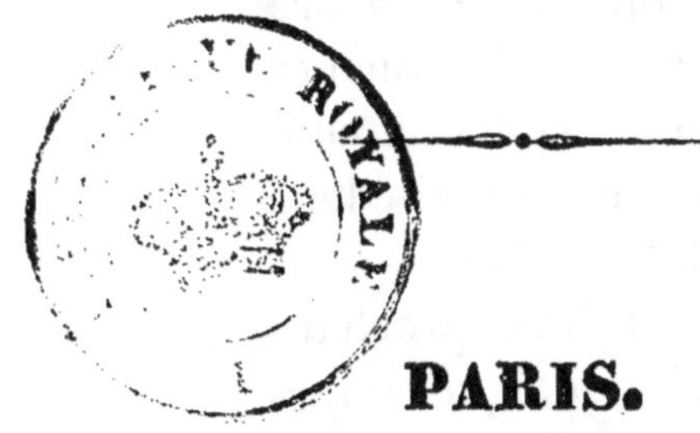

PARIS.

CHEZ Mme CHARLES BÉCHET, LIBRAIRE,

QUAI DES AUGUSTINS, N° 59.

1833

LA RÉPUBLIQUE FRANÇAISE JUGÉE PAR SES ACTES.

CHAPITRE PREMIER.

Motifs et but de cet écrit.

Plus d'une voix éloquente a déjà fait pâlir l'hydre de l'anarchie, et nos niveleurs sans-culottes commencent à s'apercevoir que leur arbre de la liberté n'a pas, en France, des racines aussi profondes que le trône de la monarchie constitutionnelle. Mais quoique cette vérité leur soit démontrée jusqu'à l'évidence, ils n'en persistent pas moins à proclamer leur prochain triomphe, dans l'espoir d'ateler quelques dupes de plus au char révolutionnaire ; ils ne cessent, surtout, de nous vanter l'excellence du gouvernement modèle qu'ils prétendent nous imposer, et, colorant leurs utopies de métaphores liberticides empruntées aux harangues du jacobinisme, ils nous présentent le bouleversement de l'ordre social comme le seul moyen de faire renaître les jours de glorieuse mémoire où la guillotine battait monnaie et où Marat et Robespierre travaillaient, l'un au bonheur du peuple, l'autre au temple de l'Être-Suprême!

Malheureusement, quelques esprits trop crédules, quelques jeunes cerveaux trop exaltés, se laissent encore prendre aux piéges que leur tendent nos jongleurs politiques, et ces innocentes recrues de la démagogie, une fois enveloppées des réseaux d'une prétendue liberté, sautent, pour la république, comme les moutons de Panurge, sans entrevoir l'abîme ouvert sous leurs pas. Cependant, tous ceux qu'on abuse si imprudemment n'auraient qu'à jeter un regard sur le passé pour éviter le danger qui les menace; il leur suffirait de parcourir nos sanglantes annales pour abjurer des principes subversifs de tout repos et de toute prospérité; là, ils verraient l'image du sort qui les attend, et effrayés du but vers lequel on dirige leurs pas, ils reculeraient d'épouvante et d'horreur!

Ce qu'ils ne feront probablement point, je l'ai entrepris pour eux, et je vais leur montrer, dans un tableau aussi fidèle que rapide, comment on était heureux et libre sous la république française une et indivisible.

Mais, afin qu'on ne m'accuse pas de me livrer à de vaines déclamations, à des attaques sans fondement, à des terreurs imaginaires, je ne présenterai, dans cette courte analyse d'une époque si tristement mémorable, que des faits appuyés de leurs dates; en un mot, c'est par ses actes que je veux qu'on juge le gouvernement de nos soi-disant patriotes, gouvernement qu'ils voudraient substituer à celui de Juillet, à ce trône entouré des vœux et des hommages de tous les véritables amis de la France.

Et pour qu'on ne m'accuse pas non plus de puiser mes preuves dans le seul règne de la terreur, règne si fécond en atrocités de tous les genres, je parcourrai tout l'espace qui se trouve entre l'aurore et le déclin de la république; remontant jusqu'au jour où la couronne de France disparut sous le bonnet rouge, je ne m'arrêterai que là où ce même bonnet disparut à son tour sous la couronne impériale. On voit que je donne à la puissance une et impérissable des anciens frères et amis plus de durée qu'elle n'en a eu réellement, car la *trilogie* consulaire fut moins un épilogue de la tragédie républicaine, qu'un prologue du grand drame de l'empire.

Toutefois, le but que je me suis proposé en publiant cet écrit n'étant pas de retracer les événemens historiques consignés dans une foule d'ouvrages, je me renfermerai dans les faits généraux qui seront de nature à produire quelqu'impression sur ceux de mes lecteurs dont la conviction ne serait pas encore entièrement formée. En leur montrant les résultats de l'anarchie, mon intention a été de leur en faire craindre le retour. Quand ils auront vu ce que furent sous le gouvernement démagogique la justice et l'humanité, la politique et l'ordre public, la morale et la religion, le droit de propriété et le respect du domicile, les finances et l'industrie, le commerce et les arts, la liberté individuelle et la liberté de la presse, ils seront libres alors de s'affilier à la société des Droits de l'Homme ou à tout autre corporation dont les adeptes sont constamment nourris dans la haine de la monarchie constitutionnelle et dans l'amour de la république absolue.

Et moi aussi, j'ai combattu pour la liberté! mais c'était à l'époque où toutes celles de la France étaient menacées, et où la lutte pouvait être utile à l'indépendance et au bonheur de mon pays! Rédacteur du *Miroir*, j'ai serré les rangs avec MM. Arnault, Jouy, Em. Dupaty, Harel, Félix Bodin, Montigny, Gosse, Jal et Cauchois-Lemaire contre les ennemis du gouvernement constitutionnel; j'ai marqué du fouet de la satire et des pointes de l'épigramme les apôtres de l'intolérance et les rénovateurs du jésuitisme, les *bons hommes* littéraires et les mauvais citoyens, les démolisseurs de la Charte et les *réédificateurs* de l'absolutisme royal! Quand la feuille, dont j'étais aussi l'un des propriétaires, fut supprimée par une ordonnance de monseigneur le comte de Corbière, contresignée Gaudiche, la liberté me vit encore au nombre de ses plus zélés défenseurs dans la *Pandore* et autres journaux de l'Opposition. Absent de Paris lors des glorieux événemens de juillet, je ne pus prendre part au triomphe des lois contre les *dragonades* d'une puissance parjure; mais aussi aucun de ceux qui m'avaient vu si long-temps sous les drapeaux de la liberté ne m'a rencontré depuis dans les antichambres ministérielles, et cependant il n'eût tenu qu'à moi de me dire l'un des *quarante mille* aides-de-camp de l'honorable général Lafayette! Loin de prendre part à la grande curée des emplois, je n'en ai sollicité aucun et me suis contenté du modeste patrimoine que je possède, non par suite de la loi agraire, mais grâce aux économies d'un père qui servit l'État pendant près de trente ans en qualité d'administrateur dans nos armées. Agent en chef des subsistances militaires lors de la première entrée des Français en Italie, il avait vu de près nos grands républicains, et en avait conservé une sainte épouvante.

Ce n'est donc point contre les idées libérales, mais contre les idées *liberticides*, que je crois devoir m'élever, au moment où la fièvre démocratique semble renaître parmi nous. Les détails dans lesquels je viens d'entrer me dispensent d'autres preuves à ce sujet; ils montrent suffisamment qu'entre la république et moi, c'est, de ma part, affaire de conviction et de conscience; je puis me tromper, mais, du moins, mon erreur ne prend point sa source dans l'intérêt personnel. C'est ce qu'il m'importait de dire en publiant cet écrit.

Maintenant que mes intentions et mon but sont connus, passons aux preuves que j'ai annoncées, et sans examiner ce qui peut en advenir pour moi, arrachons à l'anarchie le masque et le bonnet rouge! Ce sera mon contingent dans la guerre du bien public que les défenseurs de la Charte et du trône constitutionnel ont encore à soutenir contre la mauvaise presse et les accès du choléra républicain.

CHAPITRE II.

Tableau chronologique et anecdotique des factions qui se sont succédées dans le gouvernement de la France depuis le 21 septembre 1792 jusqu'au 18 brumaire an VIII.—Orgueil des républicains.—Leur politique avec les cours étrangères.

L'immortelle révolution de 1789 avait réalisé presque toutes les espérances des amis de la liberté; et le pacte de 1791, en forçant le monarque et le peuple à fléchir devant la loi, faisait présager à la France un long avenir de gloire et de repos! mais le *veto* que cette constitution accordait encore au pouvoir exécutif, ne pouvait se concilier avec les projets ambitieux de la plus grande partie des représentans de la nation, et bientôt ceux-ci, fatigués du masque qu'ils étaient obligés de porter, prirent leurs mesures pour achever d'anéantir ce qui restait de l'autorité royale. A l'aide du club des jacobins et de la terrible Commune, ils consommèrent le 10 août 1792 l'œuvre que la journée du 20 juin avait si bien commencée, l'émeute triomphante se substitua à la royauté vaincue, et se proclamant souveraine, ouvrit les portes d'une seconde Bastille à celui qu'on avait solennellement déclaré inviolable ! elle lui donna des fers, en attendant qu'elle pût lui dresser un échafaud !

Le 21 septembre 1792, Collot-d'Herbois, misérable histrion qui ne put laver dans des flots de sang les stigmates des sifflets, fut le premier à demander l'abolition de la royauté, et comme l'assemblée paraissait encore hésiter à commettre la plus stupide des iniquités, Grégoire s'élance à la tribune et fait entendre ces paroles : « Toutes les dynasties, s'écrie le futur sénateur « de l'empire, n'ont jamais été que des races « dévorantes qui ne vivent que de chair hu- « maine ! nous ne proposerons jamais de con- « server en France la race funeste des rois ! les « rois sont dans l'ordre moral ce que les mons- « tres sont dans l'ordre physique ! décrétons « donc l'abolition de la royauté ! » La royauté fut soudain abolie !....

Nous n'allons pas tarder à connaître les résultats de ce sublime décret qui devait rendre le peuple français le plus grand et le plus heureux de tous les peuples de la terre.

A peine la déplorable et funeste journée du 21 janvier 1793 eut-elle mis tout le pouvoir entre les mains de la Convention, que les tueurs de rois se virent dans la nécessité de s'égorger entr'eux, et que l'apologie du gouvernement d'un seul fut faite par le plus féroce et le plus cynique des *juges* de l'infortuné Louis XVI. C'est d'avance avoir nommé Marat.

« Qu'on cesse d'accuser, disait ce dieu de l'émeute, Robespierre, Danton et autres d'aspirer au pouvoir absolu ; moi seul j'ai donné l'idée du triumvirat, d'un tribunat, de la dictature, comme il vous plaira. Je ne crains pas que le peuple m'en désavoue ; il connaît mes principes et mon attachement à ses intérêts. Oui, je le déclare : douloureusement affecté des crises violentes dont ma patrie était agitée, la voyant prête à s'engloutir sous ses ruines, je n'ai vu qu'un seul moyen de la sauver, la DICTATURE, et je l'ai proposée ; mais je voulais qu'elle fût déposée dans les mains d'un homme probe et fort de caractère, qui pût avec tranquillité et justice faire tomber les têtes des coupables ! Peuple ! pourquoi ne m'as-tu pas cru ? Si le jour même où la Bastille fut conquise, moins sourd à ma voix, tu avais fait tomber *cinq cents têtes* de machinateurs, tu aurais imprimé la terreur dans l'âme des autres, et le nouvel ordre de choses n'aurait pas éprouvé tant d'obstacles. »

Eh quoi ! c'est Marat ! Marat lui-même, qui vient attaquer en plein sénat l'infaillibilité des législateurs souverains ! Ce discours n'a pas besoins de commentaire. Seulement, je me permettrai de faire observer que Marat se trompait sur le nombre de têtes que son patriotisme l'avait engagé à demander : au lieu de cinq cents, il fallait dire *trois cent mille !*

Vergniaud eut seul le courage de répondre à Marat, et dès lors la guerre fut déclarée entre la Gironde et la Montagne.

Mais si la proposition d'une dictature ne fut pas favorablement accueillie par la Convention, la modestie de cette grande assemblée ne lui permit pas de refuser l'adjonction de quelques puissans auxiliaires, tels que le comité de salut public, le comité de surveillance générale et notamment le tribunal révolutionnaire, le tout sans préjudice des pouvoirs accordés à la commune de Paris et des encouragemens fraternels distribués à la société mère des jacobins et aux innombrables clubs où s'élaboraient les décrets indispensables au bonheur du genre humain. Certes, ce n'étaient pas les gouvernans qui manquaient à la France.

Cependant, les affaires allaient si *patriotiquement* que la Convention elle-même en fut quelques instans effrayée. Faisant une sorte d'amende honorable, elle prit dans son sein une commission de douze membres qu'elle chargea de tempérer un peu le régime de terreur mis à l'ordre du jour. Le hasard voulut que les Girondins se trouvassent en majorité dans cette commission, et quoique Brissot, l'un d'eux, eût dit quelques temps avant : *Il faut incendier les quatre coins de l'Europe, notre salut est là!* Ses collègues n'en résolurent pas moins de jeter de l'eau sur le feu. Au premier cri d'humanité, la Montagne se souleva, et les malheureux Girondins ne tardèrent pas à être écrasés par elle. Ecoutons Drouet, demandant que les députés de la Gironde soient envoyés par-devant Fouquier-Thinville, premier ministre des hautes-œuvres de la Convention.

« Puisque notre vertu, notre modération, nos idées philosophiques ne nous ont servi à rien, soyons *brigands* pour le bonheur du peuple! Je voudrais que vous déclarassiez à ces hommes coupables, que si, par impossible, la liberté était en péril, vous les *massacreriez impitoyablement.* » A la bonne heure, au moins, voilà de l'éloquence républicaine! L'honorable représentant, ex-maître de postes à Sainte-Ménéhould, savait mener les affaires bon train.

Ces paroles prononcées le 3 septembre germèrent dans le sein de la Montagne; le 31 octobre suivant, les vingt-deux accusés parurent devant leurs juges, et la hache de la liberté leur apprit à conspirer contre les rigueurs salutaires de la république! Et voilà pourtant ce que certains hommes ne cessent de nous vanter comme digne de toute notre admiration! Oui, j'admire; mais dans cette circonstance, ce sont les victimes et non pas les bourreaux! J'admire madame Roland, s'écriant du haut de l'échafaud : *O liberté! que de crimes on commet en ton nom!* J'admire Vergniaud disant à ses compagnons de supplice : *La révolution française est comme Saturne, elle dévore ses enfans!*

Bailly, Barnave et mille autres proscrits non moins illustres et non moins innocens, subirent bientôt le sort des malheureux députés de la Gironde; mais tant de supplices ne suffisaient pas encore à la soif sanguinaire de nos régénérateurs. La constitution de 1793 fut regardée par eux comme n'étant pas à la hauteur des circonstances, et la Convention se proclama *gouvernement révolutionnaire!*

« La théorie de ce gouvernement, disait Maximilien Robespierre, est aussi neuve que la révolution qui l'a amenée. Il ne faut point la chercher dans les livres des écrivains politiques qui n'ont point prévu cette révolution, ni dans les lois des tyrans. Aussi ce mot n'est-il pour l'aristocrate qu'un sujet de terreur; pour les tyrans, qu'un scandale; pour bien des gens, qu'une énigme. Le gouvernement révolutionnaire ne doit aux ennemis du peuple que la MORT!!! La génération qui a vu l'ancien régime, le regrettera toujours; ainsi, tout individu qui avait plus de quinze ans en 1789 doit être GUILLOTINÉ!!! »

Ce fut en vertu de cette théorie que le grand

apôtre de l'Être-Suprême envoya successivement à l'échafaud des milliers de victimes et ses chers collègues Hébert, Ronsin, Anacharsis Clootz, Camille Desmoulins, Hérault de Séchelles, Fabre d'Églantine et tant d'autres, parmi lesquels on distinguait Danton son rival en forfaits. Sur la fatale charrette, Danton s'écriait d'une voix de Stentor : *J'entraîne Robespierre! Robespierre me suit!* Il ne se trompait pas! La journée du 9 thermidor amena la chute du barbare dictateur; avec lui tombèrent Couthon, Saint-Just, Lebas, Henriot et Coffinhal! L'antre des jacobins fut fermé et l'humanité respira quelques momens. Dans cette circonstance, l'âme d'un grand artiste qui avait déjà témoigné sa profonde douleur à la mort de Marat, se livra à toute l'exaltation de l'amitié : c'était Pylade pleurant sur le destin d'Oreste! *O Robespierre!* disait-il, *si tu bois la ciguë, je saurai la boire aussi avec un autre Socrate!* Le sacrifice ne s'accomplit pas et le citoyen David vécut encore long-temps pour la gloire des arts; il daigna même accepter la dignité de baron, comme le citoyen Carnot celle de comte et comme tant d'autres excellens républicains, celles qu'il plût à Napoléon de leur distribuer pour prix de leur absolu dévoûment au trône impérial... et ces mêmes hommes avaient envoyé à l'échafaud, non-seulement les défenseurs de la royauté, mais ceux qu'ils soupçonnaient de la regretter au fond du cœur!... Dieu préserve la France de si bons patriotes!

Malgré la mort de Robespierre et celle de ses plus cruels séïdes, la terreur régnait toujours, et le jacobinisme relevant sa tête hideuse, était parvenu à faire placer au Panthéon les restes de Marat! Heureusement pour la France, ce nouveau triomphe du crime ne fut que de courte durée, et le même cadavre qu'on venait de déifier tomba du faîte de l'immortalité dans le fond d'un égoût, digne tombeau d'un pareil dieu!

Cet instant de justice fut fatal à Carrier, à Lebon et à l'horrible Fouquier-Thinville! Il frappa également Billaud-Varenne, Collot-d'Herbois et Barrère qui tentèrent de fomenter une insurrection pour échapper au sort qu'ils avaient si bien mérité; mais l'émeute ne triompha point cette fois, et les trois continuateurs de Robespierre furent déportés à la Guyane. Il est curieux de voir comment les *représentans* de la France se décimaient mutuellement au fur et à mesure qu'une faction l'emportait sur l'autre.

Le 20 mai suivant, une nouvelle insurrection éclata et l'émeute arbora sur la pique républicaine la tête du représentant Ferraud! Le peuple, ou pour mieux dire la populace, demandait à grands cris le rétablissement de la constitution de 1793! elle était conduite par Romme, Bouchotte, Pache, Hassenfratz et Audouin qui payèrent par la déportation leurs audacieuses menées. Après quelques jours d'un calme apparent, les sections s'insurgèrent de nouveau et leur voix ne fut étouffée que par le canon du 13 vendémiaire! Alors la constitution de 1793 fut renversée par les mêmes hommes qui l'avaient tout récemment déclarée impérissable, et celle dite de l'an III lui succéda. Elle donna à la France le Directoire, le conseil des Cinq-Cents et le conseil des anciens. Mais sous ce gouvernement, les proscriptions et les supplices recommencèrent. Quoique coupé, l'arbre de la Montagne portait toujours des fruits!

Ici doit être placé le nom de Caïus-Gracchus-Babœuf. Ce chef d'une conspiration dont le but était de venger la mort de Robespierre et de rétablir le règne de cet ami du genre humain, promettait le pillage à la populace et faisait un appel à tous ceux qui, n'ayant rien à perdre, se sentiraient le courage de tout gagner, en vertu des *droits de l'homme*! Cette conspiration échoua et le Gracchus français eut le sort du Gracchus romain. Une des pièces consignées au procès de Babœuf contenait ces mots écrits de la main de ce *grand citoyen* : « Le salut de vingt-cinq millions d'hommes ne doit pas être balancé contre le ménagement de quelques individus équivoques. Un régénérateur doit voir en grand! il doit *faucher* tout ce qui le gêne, tout ce qui obstrue son passage, tout ce qui peut nuire à sa prompte arrivée au terme qu'il s'est prescrit... Robespierre savait tout cela, et c'est en partie ce qui me le fait admirer! »

Sous le Directoire les factions n'avaient donc pas cessé de déchirer la France. Barras, et deux de ses collègues, s'érigeant en triumvirat, dressèrent des tables de proscription et la journée du 18 fructidor frappa de la peine de la déportation cinquante-trois membres des deux conseils législatifs parmi lesquels on distinguait les noms de Pichegru, de Pastoret, de Boissy-d'Anglas, Siméon, Barbé-Marbois, Portalis, Camille Jordan, Carnot et Barthélemy! La terreur reparut et l'on ne sait quel nombre de victimes elle aurait encore atteint si le 18 brumaire n'eût fait succéder le consulat au Directoire. On sait comment le vainqueur de l'Italie et de l'Egypte régna de *par la république*, jusqu'au jour où l'empereur Napoléon renversa le gouvernement du consul Bonaparte!

Au reste, il était temps que le 18 brmaire arrivât, car le *citoyen* Barras négociait avec les Bourbons; il proposait de leur rendre le trône, moyennant l'oubli du passé, en ce qui le concernait personnellement, la garantie de ses propriétés et le titre de Comte. Nouvelle preuve que messieurs les citoyens ont toujours été au fond du cœur, très partisans des titres de noblesse et des hochets de l'orgueil; semblables, en cela, au renard de la fable, ils ne les ont méprisés que lorsqu'il ne leur a pas été possible d'y atteindre.

Bien avant cette époque, la vanité républicaine avait laissé percer le bout de l'oreille. Le 5 octobre 1791, l'assemblée législative ôte au roi le titre de sire et fixe la place du monarque au *niveau* du président. Le 26 novembre suivant, l'ex-capucin Chabot se vante en pleine société des frères et amis, d'être entré chez le roi *le chapeau sur la tête*. On connaît la colère représentative de Pétion, lorsqu'on ne lui ouvrit pas les *deux battans* à la cour. M. de Vaublanc fut plus heureux, car en rendant compte à l'assemblée du message qu'il avait rempli à la tête d'une députation, il dit avec plus d'orgueil que d'élégance : « *J'observerai* qu'il m'a paru que quand nous sommes entrés le roi *s'est incliné le premier.* » Le titre de citoyen français paraît si grand aux membres de la même assemblée, que le 24 août 1792, elle le décerne à tous les philosophes de l'antiquité et place le bonnet rouge sur les bustes du citoyen Socrate, du citoyen Diogène, du citoyen Platon ! Le prince Charles de Hesse demande-t-il, le 22 octobre de la même année, à être admis dans la société des Jacobins? Dufourni invoque l'ordre du jour, attendu qu'une altesse ne saurait prendre place à côté des hommes de la Montagne. Enfin, lorsque le 23 novembre 1793, on proposa d'échanger le prince de Linange, détenu prisonnier à Paris, contre les représentans du peuple enlevés par les Autrichiens, Levasseur fit entendre ces paroles que n'aurait pas désavouées un noble Espagnol, ou le plus fier des Ecossais: *Tous les rois de l'Europe ne valent pas un représentans du peuple?* Vous voyez que sous le règne de l'égalité chacun savait garder son rang.

Il ne faut pas croire pourtant que ces superbes citoyens ne descendissent pas quelquefois de la crète de la Montagne jusque dans la *plaine*! Ils quittaient, au besoin, leurs trônes curules pour se mêler aux pétitionnaires qui venaient chanter des hymnes républicaines et danser la *carmagnole* à la barre! Ils souffraient même en leur présence des saturnales tyrannicides et anti-religieuses, quoiqu'ils eussent prohibé les mascarades du carnaval. Au milieu des grands intérêts de la patrie ils fixaient le taux de l'avoine, accordaient mention honorable à l'offrande patriotique d'une paire de souliers ou d'une chemise, et décrétaient, le 15 avril 1793, le renvoi au bureau de vérification de trois assignats *rongés par les souris,* délit qui ne pouvant être puni par la guillotine, aurait dû provoquer l'établissement d'une souricière républicaine. On ne peut pas songer à tout.

Continuellement occupés de se faire une guerre intestine, nos grands législateurs ne pouvaient donner qu'une attention indirecte aux affaires du dehors. Ils s'en rapportaient à cet égard à la bravoure française, et grâce à elle, la république, une et impérissable, eut une plus longue agonie ! Voyons qu'elle était alors la politique de nos gouvernans.

Le 26 août 1792, Jean de Brie propose de former une légion de *tyrannicides* destinés à combattre, corps à corps, les rois en guerre avec la république, et même les généraux qui commandaient les armées du despotisme ; il demande qu'il soit alloué cent mille livres à ceux qui apporter ont la tête de FrançoisII d'Autriche, de Frédéric-Guillaume de Prusse, ou de tout autre *bête fauve* couronnée.

Le 11 novembre 1793, un décret déclare William Pitt *ennemi du genre humain !* et Anaxagoras Chaumette fait adopter une proposition portant que tous les décrets et arrêtés révolutionnaires seront traduits en italien et envoyés au Pape pour *le guérir de ses erreurs.*

Le 18 du même mois, la Convention déclare aux puissances étrangères que « le peuple français sera *terrible* envers ses ennemis, *généreux* envers ses alliés et *juste* envers tous les peuples. »

Et le 25 janvier 1794, Robespierre, Couthon et Collot-d'Herbois dressent l'acte d'accusation de tous les rois de la terre, afin qu'ils n'y trouvent plus *ni feu ni lieu !* Le Grand Turc est seul excepté de la grande proscription monarchique, et cela, parce que le premier drogman de la Porte n'a pas refusé le titre de citoyen à notre ambassadeur.

Vraiment, si le *Moniteur* et tous les autres journaux de l'époque n'étaient là pour attester de pareilles folies, on serait tenté de les attribuer à l'imagination des profanes adversaires de la sainte république.

CHAPITRE III.

Ordre public. — Mesures prises pour soumettre les départemens insurgés. — Humanité des frères et amis.

Nous avons vu comment nos régénérateurs gouvernaient la France en se *fauchant* les uns les autres, quelle était la petite dose d'orgueil qu'ils mêlaient à l'humilité républicaine, et de quelle manière ils entendaient la politique avec les cours étrangères. Voyons maintenant ce qu'ils faisaient pour assurer l'ordre public et soumettre les départemens insurgés.

Le pillage était non-seulement souffert, mais il était autorisé, et la distribution des rapines se faisait ostensiblement sur la plupart des places publiques. On se contentait de mettre des hommes armés aux portes des boutiques afin que les enlèvemens s'effectuassent avec une sorte de régularité. Cependant, ces pillages ne satisfaisaient pas entièrement la haute politique de Robespierre. En apprenant le 23 janvier 1792 que les boutiques des épiciers venaient d'être pillées, il s'indigna que l'insurrection n'eût pas été plus loin : « Quand un peuple s'insurge, s'écria-t-il avec un accent de colère qu'il lui fut impossible de maîtriser, ce ne doit pas être seulement pour piller du sucre. »

On a crié à la tyrannie quand le gouvernement de Juillet a mis quelques départemens de l'Ouest en état de siége. Voici avec quelle fraternité le décret du 1er août 1793 traitait ces malheureuses contrées :

« Les forêts dans la Vendée seront abattues, les maisons détruites, les récoltes coupées, les femmes et les enfans seront arrachés de leurs foyers et conduits dans des départemens éloignés ; il sera envoyé par le ministre de la guerre des matières combustibles de toute espèce pour incendier les bois, les taillis et les genêts ; la confiscation frappera tout ce qui pourra échapper à l'incendie ! »

Le 9 septembre suivant, Barrère fit décréter l'armée dite *révolutionnaire*, composée de six mille fantassins et de douze cents canonniers, tous payés à raison de 40 sous par jour. Cette armée avait mission de sillonner la France dans toutes les directions et chaque soldat pouvait être impunément juge et bourreau.

Le 26 mai 1794, un décret enjoint aux généraux et soldats français de ne faire aucun prisonnier anglais ou hanovrien et de les tuer sans quartier. « Soldats de la liberté, s'écriait Barrère, quand la victoire vous présentera des Anglais, frappez ! il ne doit en revenir aucun, ni sur les terres liberticides de la Grande-Bretagne ni sur le sol libre de la France ! Que les esclaves anglais périssent et l'Europe sera libre ! »

Heureusement les soldats français ne partageaient pas les barbares sentimens des apôtres de l'humanité ; ils se contentaient de dire, en montrant leurs prisonniers : « Envoyez-les aux « représentans du peuple ; s'il en est parmi eux « qui soient antropophages, eh bien, qu'ils les « tuent et qu'ils les mangent ! » On sait ce que le général Anselme répondit à un soldat qui osait demander hautement la mort de quelques prisonniers : « Tu veux du sang ? tu es « cruel !... Je te fais *bourreau de l'armée* ! » Ces mots frappèrent le soldat comme d'un coup de foudre, et il s'éloigna couvert de honte.

Le 22 novembre précédent, Laplanche instruit la Convention de l'entrée des républicains à Avranches : « Beaucoup de rebelles étaient restés en arrière, dit-il, l'hôpital en était également rempli. La vengeance nationale s'est exercée sur eux ! *Il n'en est plus question* !.. »

Le 25 mai 1793, Isnard déclare, au nom de *la France entière*, que s'il arrivait qu'on portât atteinte à la représentation nationale, Paris *serait anéanti*, et que bientôt on chercherait sur les rives de la Seine si *Paris a existé* !

Le même jour un nommé Varlet, monté sur une chaise dans le jardin du Palais-Royal, laissa tomber du haut de cette espèce de tribune en plein vent, ces paroles caractéristiques : *Le peuple ne salit pas ses mains quand il sert de bourreau !*

Le 21 juin 1793, après le triomphe de la montagne sur la Gironde, Guffroy s'écrie : « Enfin le peuple triomphe, et les aristocrates vont, comme Saint-Denis, porter leurs têtes à *madame guillotine* ! abattons tous les nobles ! *tant pis pour les bons* s'il y en a ; que la guillotine soit en permanence... la France aura assez de *cinq millions* d'habitans. »

Souvent les plus ignobles plaisanteries venaient se joindre aux mesures les plus atroces : « Tu recevras, cher ami, écrivait le 20 juin 1794 le député Faure à Dame, membre du comité révolutionnaire de Sarrelouis, tu recevras un arrêté pris ce matin pour envoyer à Paris, *rendre visite à Samson*, les *citoyens* dont les noms suivent. Je t'invite à ne pas souffrir d'*appitoyeurs*, de *pleureuses*, ni de *modérés*. L'espoir de la contre-révolution ne passera aux prêtres qu'au moment où, mettant *la tête à la fenêtre, ils éternueront dans le sac* ! »

Le représentant Bo allait encore plus loin. Il disait publiquement à Reims qu'en révolution il ne fallait connaître ni parens, ni amis, et que le fils pouvait *égorger son père* si celui-ci n'était pas à la *hauteur des circonstances.*

Tels étaient les sentimens humains de ces mêmes hommes qui mettaient les rois hors de l'humanité! leur vengeance ne frappait pas seulement sur leurs semblables, elle s'étendait jusque sur les animaux. Le 21 novembre 1793, un invalide nommé Saint-Prix monte sur l'échafaud. Dès ce moment son chien ne veut plus quitter l'arène sanglante où son pauvre maître a péri; il gémit nuit et jour sur la place de la Révolution. Les bons républicains s'en offensent et l'animal fidèle tombe sous leurs coups! Ils ne trouvent pas d'autre moyen de mettre un terme à des cris plaintifs qui les importunent.

On conçoit que pour ne pas trop multiplier les pages, je suis forcé de négliger beaucoup de faits du même genre; la matière est inépuisable, et je ferais facilement plusieurs volumes d'*atrocités patriotiques.* Au reste, ce que j'en ai dit suffit pour rendre vraisemblable tout ce que l'imagination peut se figurer à cet égard. Cette fièvre de sang avait fait de tels progrès que le 2 octobre 1794, des *citoyens* osèrent se présenter à la Convention pour lui remettre une adresse dans laquelle ils déclaraient que l'humanité était *incompatible avec le patriotisme*!...

CHAPITRE IV.

Leur justice.

Quand la voix de l'humanité était ainsi méconnue, celle de la justice ne pouvait pas être plus écoutée. Choisissons quelques traits entre mille.

Attendu que des *frères et amis* doivent se protéger mutuellement, un décret rendu le 18 octobre 1792, sur le rapport de Thuriot, ordonne au tribunal criminel de suspendre l'exécution des jugemens *rendus* ou à *rendre* contre les voleurs du Garde-Meuble.

Toute procédure est également suspendue contre les assassins des premiers jours de septembre 1792, et cela par décret du 8 février 1793.

Le 5 mars suivant, sont considérés comme complices des émigrés les enfans âgés de plus de *quatorze ans* qui auront *suivi* leurs parens hors de France.

Le 10, autre décret qui autorise les commissaires envoyés dans les départemens à traduire au tribunal criminel extraordinaire ceux qui mettraient le *moindre obstacle* à leurs opérations.

Le 5 juillet, Fouquier-Thinville est mandé au comité de salut public et de sûreté générale. Là, le grand pourvoyeur du bourreau est admonesté sur son indulgence et sa lenteur. La lenteur et l'indulgence de Fouquier-Thinville! On lui prescrit de porter le nombre des victimes à *cent cinquante* par jour, au moins!... « En revenant de cette séance, disait Fouquier-Thinville, lorsque plus tard il fut lui-même mis en « accusation, mon esprit était tellement saisi « d'horreur, que la rivière me paraissait rouler « des flots de sang! »

Le 16 du même mois, on propose à la Convention des mesures capables d'aider les accusés à se justifier : la Convention passe à *l'ordre du jour*! Mais plus tard, le 26 septembre 1793, elle adopte le projet de loi présenté par Barrère, et tendant à faire *terminer en vingt-quatre heures* l'affaire la plus compliquée.

Toute ville de la république qui ne repoussera pas victorieusement les *brigands*, sera punie comme une ville rebelle, et, en conséquence, elle sera rasée; les biens des habitans seront confisqués au profit de la nation. (Décret du 1er novembre 1793.)

Le 17 janvier 1794, le représentant Lequinio fait arrêter à Rochefort son collègue Decheseaux et lui fait trancher la tête de sa propre autorité.

Un décret du 24, ordonne que dans les accusations ayant pour objet des crimes contre-révolutionnaires, les témoins à décharge, déclarés faux témoins, seront punis de mort! Pas un mot contre les faux témoins à charge!

Les pères, mères et parens d'émigrés qui leur feront passer des secours, seront punis de MORT!... (Décret du 5 mars 1794.)

Tout prévenu traduit au tribunal révolutionnaire, et qui, par une défense *trop vive* ou *trop captieuse*, entravera la marche de la justice nationale, sera mis hors des débats et condamné sur-le-champ. (4 avril 1794.)

Le 17, la Convention enjoint au tribnnal de cassation d'annuler tous jugemens des tribunaux qui, dans les délits emportant peine afflictive ou infamante, se seraient déterminés par *défaut de preuves*, à déclarer qu'il n'y avait pas lieu de mettre les prévenus en accusation.

Le tribunal révolutionnaire envoie les anciens fermiers-généraux à la mort! ils étaient accusés d'avoir..... *mis de l'eau dans le tabac*! (8 mai 1794.)

Forestier, représentant du peuple à Moulins, décide le 30 septembre suivant, que quiconque refusera d'obéir à ses arrêtés sera puni par quatre heures d'exposition publique *sur un échafaud*.

Le 12 octobre 1795, un décret défend à tous les tribunaux de la république de prononcer aucune peine contre les membres des autorités révolutionnaires pour les arrestations *arbitraires* par eux ordonnées.

Les rentiers de l'État, qui ne sont payés qu'en *papier-monnaie,* sont tenus par décret du 14 novembre 1796, d'acquitter en *numéraire* leurs obligations contractées depuis le 1er juillet 1791.

Enfin, moins d'un an avant sa chute, le Directoire décrète des mesures de répression dont voici l'un des articles : « S'il est commis quelques assassinats dans un arrondissement, le Directoire exécutif fera déporter hors du territoire de la république, quatre individus à son choix, par chaque personne assassinée. Ces individus seront pris parmi les parens nobles des émigrés, et à défaut de parens, parmi les autres ci-devant nobles. »

Remarquons bien qu'ici nous ne sommes plus en pleine terreur ; nous sommes sous le Directoire, et par conséquent, sous le règne de la justice et de l'humanité !

CHAPITRE V.

Grandes concessions faites par l'auteur au parti républicain, et ce qu'il exige de celui-ci pour prix de ces mêmes concessions.

Les partisans de la république ne manqueront pas de me répondre que toutes ces mesures étaient des rigueurs indispensables : sans elles, diront-ils, la France serait retombée sous le joug aristocratique ; il fallait sauver la nation aux dépens de ses ennemis ; il fallait conserver le tronc de l'arbre social en retranchant les branches inutiles !

Eh bien ! soit ; j'accepte ces excuses et j'admets que le repos, le bonheur et la gloire de la France exigeaient impérieusement que les rois, les reines, les nobles, les prêtres, et en général tous ceux qui pouvaient être suspects de regretter l'ancien régime, payassent de leur tête le crime impardonnable de ne pas aimer la république. J'irai même plus loin, et je regarderai comme juste la confiscation de leurs propriétés, la violation de leurs tombeaux, les encouragemens accordés à leurs dénonciateurs, enfin toutes les mesures ultra-patriotiques sans lesquelles la royauté aurait pu ressaisir son pouvoir de *bête fauve*. Ce n'est pas tout encore, et puisque je suis en train de concéder, je consens à me coiffer de la *casquette* rouge, à revêtir la livrée de la carmagnole et à hurler *ça ira!* avec tous les frères et amis. J'espère que, d'après tout cela, les Érostrates du trône constitutionnel ne me regarderont pas comme un aristocrate, et qu'ils conviendront que jamais adversaire ne leur a fait des concessions plus larges et plus conciliatrices.

Mais, entendons-nous bien; je ne veux devenir républicain-modèle que si l'on me garantit d'avance la faculté d'aller et de venir selon ma volonté; que si je puis émettre ouvertement mes opinions, soit à la tribune, soit par la voie de la presse; en un mot, que si je suis entièrement libre sous le règne de la liberté! De plus, j'entends que pour prix de l'anéantissement de tous les aristocrates monarchi-constitutionnels, le commerce et les arts de notre nouvelle France soient dans un état de prospérité peu commun. Sans cela, vous sentez bien qu'il ne vaudrait pas la peine de noyer ce qui existe dans des flots de sang, pour ne pas être plus heureux et plus libres que ne le furent les citoyens de la première république.

Eh quoi ! m'objectera-t-on, les Français, autres que les aristocrates, n'étaient pas dans le meilleur des pays? ils ne jouissaient pas de toute la plénitude des *droits de l'homme?* ils ne disaient pas et ne faisaient pas tout ce qui leur passait par la tête ? l'industrie et les arts ne resplendissaient pas d'un éclat inconnu jusqu'alors ?—Non, frères et amis ! non ! cent fois non !—Vos preuves ! les voici.

CHAPITRE VI.

De la liberté individuelle sous la république.

Tous les propriétaires et principaux locataires étaient tenus, sous leur responsabilité personnelle, de faire afficher sur la porte de leurs maisons, les noms, prénoms, âge et profession de tous les individus résidant sous le même toit (Décret du 28 mars 1792).

Un arrêté de la Commune, en date du 10 août, ordonnait à ses agens d'ouvrir à la poste toutes les lettres et de *s'insinuer* chez les portiers pour savoir d'eux quels étaient les journaux que leurs maîtres recevaient.

Voulait-on voyager? un passeport n'était valable que tout autant qu'il présentait les signatures de *six* membres du comité de surveillance générale (12 août 1792).

Les habitans de Paris, sans distinction aucune, ne pouvaient faire un pas dans la capitale sans se munir d'une carte civique et sans la montrer à la première réquisition des officiers de police et des commandans de la force armée. Chacun d'entre eux était également obligé de faire transcrire sur le registre de sa section : son domicile ordinaire, le moindre changement que ce domicile subissait et quelles étaient ses *occupations journalières* (19 septembre 1792).

Passé *onze heures* du soir, tout homme libre était forcé d'entrer dans les corps-de-garde et d'y montrer une carte de sûreté. La moindre patrouille avait ordre de le contraindre à la même exhibition (21 septembre 1793). Indépendemment d'un certificat de civisme ordinaire, le même *citoyen* devait se pourvoir d'un diplôme de *civisme moral* (5 février 1793).

Dès que minuit avait sonné, tout individu trouvé dans une voiture se voyait obligé d'en descendre, conformément à un arrêté du 4 novembre 1793, et de regagner à pied son domicile, escorté par la patrouille qui l'avait pris en flagrant délit.

Tous ceux qui circulaient dans les rues sans la cocarde tricolore étaient arrêtés (6 avril 1793). Les femmes qui négligeaient de porter ce signe de rédemption politique subissaient huit jours de prison ; en cas de récidive on les déclarait *suspectes* et on les renfermait jusqu'à la paix (21 septembre 1793).

Il paraît que décidément le beau sexe n'était pas en faveur auprès des Socrates du temps, car une loi du 22 mai 1795, ordonne l'arrestation de celles qui se trouveront rassemblées au-dessus du nombre de cinq.

Ces mesures inquisitoriales sont continuées sous le Directoire. Un arrêté du bureau central en date du 4 novembre 1796, prescrit aux sentinelles d'arrêter indistinctement tous ceux qui paraîtront en public sans la cocarde ou coiffés d'une natte retroussée. Les collets noirs et les ganses jaunes éprouvent la même proscription. Et pourtant nous sommes encore sous le règne de *la liberté!* n'allons pas l'oublier.

Croirait-on que les acteurs, représentant un Autrichien, un Prussien, un Anglais, un émigré, étaient rigoureusement tenus d'avoir une cocarde tricolore? Dans les *Chasseurs et la Laitière*, ancien opéra-comique d'Anseaume, l'*ours* ne pouvait même s'en dispenser. Le censeur Payan, consulté sur ce point par le comité du théâtre, se déclara pour l'affirmative, attendu disait-il, que le *citoyen réel* devait toujours être distingué du personnage fictif.

A la Douze, près de Sarlat, département de la Dordogne, et un peu avant que le culte n'y fût entièrement aboli, les sans-culottes du lieu forcèrent le curé d'orner le Saint-Sacrement d'une cocarde et de laisser le tabernacle ouvert: « Il faut, disaient ces régénérateurs en sabots, que Dieu jouisse aussi de la liberté! »

Voilà comment tout citoyen jouissait de son libre arbitre sous le gouvernement modèle. Jetons un coup d'œil sur le droit qu'il avait de penser et surtout de penser tout haut.

CHAPITRE VII.

De la liberté d'opinion, de la liberté de la presse et des clubs.

De notre temps on trouve tout naturel que les partisans de la république s'élèvent ostensiblement contre la royauté, soit dans des pamphlets, soit dans les journaux. Aussi chaque fois qu'un de ces écrivains est condamné à quelques mois de prison et à quelques milliers de francs d'amende, une clameur de haro se fait entendre contre l'excessive tyrannie et l'injuste cruauté du jury! les juges ne sont plus aux yeux des frères et amis que des Jeffreyès et des Laubardemont vendus au pouvoir usurpateur qui a su confisquer à son profit tous les bénéfices de la révolututión de Juillet. Voulez-vous savoir quel était le sort de ceux qui, sous la république, osaient se mettre en opposition avec le gouvernement? lisez :

Peine de mort contre quiconque eût proposé de rétablir la royauté (5 décembre 1792).

Un décret du même mois punissait également ceux qui auraient publié que la nation ne pouvait se passer *d'un maître*. Ce que c'est pourtant que la différence du nombre ! Maître au singulier entraînait la peine capitale, tandis qu'au pluriel il devenait une preuve de civisme.

Le 1er juillet 1793, la Convention décrète encore peine de mort contre tout *falsificateur* de la déclaration des *droits de l'homme.* J'ignore comment l'auguste assemblée entendait la *falsification ;* mais enfin cela était ainsi, et malheur à quiconque n'aurait pas professé ses *droits* dans toute leur pureté ! on l'aurait mis au rang de ceux qui voulaient faire rétrograder la révolution, et comme tel, il serait devenu *suspect d'être suspect.*

Non-seulement il fallait s'observer soi-même, mais encore surveiller les autres, car un arrêté du 16 avril 1794 enjoignait à tous les bons citoyens de dénoncer les propos inciviques qu'ils entendraient. Celui qui se serait *plaint* de la révolution pouvait faire ses paquets pour la Guyanne, Cayenne ou tout autre lieu d'exil; la première société populaire venue avait le droit de le *déporter* sans autre forme de procès; il suffisait de conserver des *usages* ou une *idée* de l'ancien régime, pour être assimilé aux ci-devant nobles et puni comme gentilhomme à seize quartiers (17 avril 1794).

Certains journalistes de notre temps auraient été bien à plaindre en 1795, attendu qu'un décret du 21 mai ordonnait la prompte répression des *mensonges* et des *calomnies* contre le gouvernement de l'époque. J'engage nos frères et amis à se faire représenter la proclamation du Directoire en date du 16 avril 1796, relative aux propos séditieux; ils y verront avec quelle douceur on procédait alors contre ceux qui osaient avoir une opinion à eux. Si ce n'était la date, on croirait lire une ordonnance du temps de la Saint-Barthélemy ou des Dragonnades.

Citons le décret sur la liberté de la presse. Il ne sera besoin de le faire suivre d'aucune réflexion.

« Seront punis de la *peine de mort* tous ceux qui, dans leurs écrits imprimées, distribués ou affichés, provoqueront le rétablissement de la royauté, ou de la constitution de 1793, ou la dissolution du Directoire exécutif.

« Les distributeurs d'ouvrages sans nom d'auteur ou d'imprimeur, seront punis par *deux* ans de prison, ou six mois au moins.

« Dans le cas où l'auteur ne serait point indiqué par l'imprimeur, ou si les indications qu'il a données sont fausses, ou si elles signalent un étranger, l'imprimeur sera condamné à *deux années de fers;* en cas de récidive, à la déportation.

« Si l'auteur indiqué ne *se trouve pas*, l'imprimeur ne pourra être mis en liberté tant que l'auteur ne sera point jugé. »

Ce décret est du 17 avril 1796.

Le 4 décembre de l'année suivante, les journaux et les presses sont mis, pendant un an, sous l'inspection de la police qui *pourra les supprimer*.

Quatre jours après, la république proscrit en masse tous les propriétaires, entrepreneurs, directeurs, auteurs et rédacteurs de QUARANTE-SIX journaux.

« Tous les ci-dessus nommés, dit ce décret, en date du 8 septembre 1796, seront déportés sans retard; leurs biens seront *séquestrés* aussitôt après la publication de la présente loi, et main-levée n'en sera donnée que sur la preuve authentique de l'arrivée des condamnés au lieu de leur déportation.

« Le Directoire est autorisé, pour l'exécution de la présente loi, à faire des *visites domiciliaires*. »

Le 2 septembre 1799, nous voyons encore *soixante-huit* imprimeurs, journalistes, écrivains, etc., déportés à l'île d'Oléron.

Le républicain Barras se distinguait particulièrement parmi les adversaires de la liberté de la presse; sa colère allait même jusqu'à ordonner des voies de fait contre ceux qui prenaient la liberté grande de contrôler les opérations de ce cinquième de majesté. Dans son numéro du 31 janvier 1797, l'abbé Poncelin, auteur du *Courrier républicain*, ayant eu l'audace de s'exprimer uu peu trop librement sur le compte du citoyen monarque, fut saisi dans son domicile, on lui banda les yeux, et après l'avoir trainé jusqu'au palais directorial, on le *fustigea* en présence de la haute puissance offensée, pour lui apprendre à mettre le doigt entre la main et la poche d'un directeur de la république.

La persécution qui s'étendait sur tous ceux qui avaient le moyen d'exprimer leurs opinions par la voie de la presse, ne pouvait manquer d'atteindre également les sociétés populaires.

Le 27 février 1796, le Directoire ordonne la clôture de quelques clubs.

Le 25 juillet 1797, tous les clubs indistinctement sont fermés en France.

Le 5 mars 1798, la proscription s'étend sur les cercles particuliers où l'on agite des questions politiques.

La Convention avait, dès le mois d'août 1795, muré la porte des jacobins, de cette société mère où Dubois Crancé voulait qu'on ne fût admis qu'après avoir répondu d'une manière satisfaisante à cette question toute palpitante de républicanisme : *Qu'as-tu fait pour être pendu, en cas de contre-révolution?* Si la Convention n'avait jamais pris que de pareilles mesures, son histoire ne serait pas écrite en caractères de sang et elle aurait un peu mieux mérité la reconnaissance de la patrie.

CHAPITRE VIII.

Des sciences, de la littérature et des arts.

Quand la liberté de la presse n'était pas encouragée, peut-être les sciences, la littérature et les arts se trouvaient-ils plus favorisés? pas davantage. En général, les républicains ne sont pas très-partisans du domaine de l'imagination; ils ne se soucient guère de voler à l'immortalité! Appelés à se succéder les uns aux autres avec une effrayante rapidité, ne jouissant que d'un pouvoir temporaire, ils n'ont juste que le temps voulu pour penser au présent, et chacun d'eux laisse à son successeur le soin d'assurer au pays un avenir de gloire! et puis, n'est-ce pas une anomalie sociale que de supposer qu'un homme peut en savoir plus que son concitoyen? que deviendrait, en ce cas, le principe de l'égalité? Or, puisqu'on coupait les têtes pour niveler les rangs et les fortunes, on ne pouvait raisonnablement consentir à laisser le génie se réfugier sous le bonnet rouge. Au reste, Chabot et Fabre d'Églantine le pensaient ainsi, puisque le 15 septembre 1793, ils demandèrent l'abrogation du décret qui établissait *trois degrés d'instruction*. Ils fondèrent leur proposition sur ce que ce décret tendait à faire revivre tous les abus du régime proscrit et à favoriser *l'aristocratie des savans*, tandis qu'il ne fallait, pour la république naissante, que la *démocratie* des sans-culottes !

D'après ce système de nivellement, nous ne serons plus étonnés de voir abattre les châteaux, attendu qu'un château est ordinairement plus élevé qu'une chaumière. Ne croyez pas que ce soit une plaisanterie de ma part : le 27 novembre 1793, la Convention renvoie à un comité l'examen de la proposition tendant à faire ordonner la démolition du palais des Tuileries, et invite les départemens à faire abattre tous les clochers, parce qu'en dominant les églises, ils *contrarient* l'égalité de la république. Aussitôt qu'Anaxagoras Chaumette eut fait publier l'arrêté qui fermait ces mêmes églises, la hache révolutionnaire s'exerça jusque sur les ornemens de leur architecture, et les têtes des saints tombèrent patriotiquement tandis qu'on extirpait celles des vierges dans les tableaux de Raphaël et de Titien.

Un considérant du décret du 18 août 1792, ordonnant la suppression de tous les colléges, écoles et autres lieux d'enseignement, mérite d'être rapporté. Cette suppression est décrétée, attendu qu'un état vraiment libre ne doit souffrir dans son sein aucune corporation, pas même celles qui, vouées à l'instruction publique, ont *bien mérité de la patrie.*

Le château des Tuileries ne fut pas le seul en butte à la colère des niveleurs; le 21 août 1792, un arrêté de la commune décide la démolition de la Porte Saint-Denis. Le 17 octobre suivant, Lakanal demande la destruction du Palais-Royal et les moyens de *diminuer* la capitale. Ces deux propositions furent heureusement ajournées et l'on se contenta de quelques dégradations partielles.

Le représentant Hassenfratz voyait avec peine, le 11 décembre 1792, que tout en disant qu'on ne s'occuperait plus de sciences, on admettait dans l'instruction publique l'astronomie, la chimie et autres inutilités de cette espèce!... Aussi, quand près de monter à l'échafaud, le fils du plus éloquent des historiens de la nature s'écriait dans une douloureuse angoisse : Citoyens, *je suis Buffon*! les bourreaux restaient impassibles! et lorsque Lavoisier demanda que son supplice fût retardé de quinze jours, afin de pouvoir terminer une opération de chimie qu'il jugeait utile à la république, Dumas lui répondit : *La république n'a pas besoin de chimistes.* Le sang de Lavoisier fut aussitôt répandu!

Le 7 août 1793, un décret dépouille les académies de sculpture et d'architecture des fonds destinés à leur entretien, et surseoit au paiement des artistes qui les composent.

Le 8, toutes les académies et sociétés littéraires sont supprimées sur le rapport de l'abbé Grégoire.

Le 12, autre décret qui ordonne l'enlèvement et la *destruction* des monumens susceptibles de rappeler la féodalité.

Le 9 septembre, toutes les écoles militaires sont abolies.

Le 16 octobre 1796, on propose de soumettre au droit de patente les peintres, les sculpteurs, les graveurs et les architectes.

Partout les bibliothèques deviennent la proie des flammes sous prétexte qu'elles contiennent des livres de piété et autres ouvrages propres à inspirer l'amour du fanatisme ! Laignelot, auteur d'une tragédie représentée au Théâtre-Français, fait brûler d'un seul coup *six mille* volumes à Rochefort. Certes, l'incendiaire Omar n'aurait pas mieux agi !

L'art des Lenôtre n'était pas plus épargné que ceux des Phidias, des Raphaël, des Guttemberg. C'est ce que nous apprend un décret du 19 avril 1794. Ce décret ordonne d'arracher des jardins publics les arbres, les arbustes et les fleurs, et de les remplacer par des pommes de terre !... Quelques contemporains peuvent se souvenir d'avoir vu les plates-bandes du jardin des Tuileries ornées de ce tubercule. Si encore la disette n'avait pas dévoré la France, on aurait pu se consoler de ces actes de vandalisme; mais ce n'était pas un supplément de quelques boisseaux de pommes de terre qui pouvait empêcher le peuple de mourir de faim.

CHAPITRE IX.

Des finances, du commerce, de l'industrie et de la prospérité publique.

Considérés comme *objets* de luxe, les arts, la littérature et les sciences devaient, jusqu'à un certain point, encourir la disgrace des législateurs sans-culottes; mais au moins, les finances. le commerce, l'industrie, la prospérité publique auraient dû fixer toute leur attention.

Les finances s'administraient à *coups d'assignats*, et l'on sait que si la liberté de la presse était entravée, celle de la *planche* ne l'était pas. Au reste, quand ce moyen devenait insuffisant, l'*emprunt forcé* ouvrait ses doigts crochus et ses bras enveloppaient la France de l'un à l'autre bout.

Manifestait-on quelque répugnance à convertir en papier le peu d'argent qu'on pouvait avoir, une amende de *trois mille* livres et six mois de prison punissaient un premier refus. La récidive entraînait *vingt ans* de fers; et plus tard, le 5 septembre 1793, la peine de mort atteignait quiconque aurait refusé un paiement en assignats.

Une malheureuse commune ne pouvait-elle payer ses contributions au jour dit, l'administration du département décernait un arrêté contre les vingt plus forts contribuables de l'endroit, de sorte que ceux-ci, ayant déjà payé pour eux, payaient encore pour les retardataires. A défaut, la force armée *agissait.*

Enfin, le 30 septembre 1797, la banqueroute couronna l'œuvre, et les rentiers perdirent les deux tiers de leurs capitaux, ce qui n'empêcha pas les législateurs réunis en comité secret, le 15 août 1798, de s'allouer à chacun 350 fr. par mois, en supplément des 8040 fr. qu'ils touchaient déjà par année. Pendant ce temps, vous sentez bien que le peuple n'avait rien de mieux à faire que de crier : *Vive la république !*

Quant au commerce, disons-en quelques mots.

D'abord, un décret du 7 septembre 1793, ordonne l'arrestation de tous les banquiers.

Le 11, prohibition de la sortie de toutes les marchandises qui se trouvent en France. Celles déjà chargées sur les vaisseaux, pour sortir des ports, seront sur-le-champ remises en magasin.

Le 16, on ajoute de nouvelles mesures plus tyranniques encore ; car, lorsqu'on faisait tout pour entraver le commerce, le conseil de la commune arrêtait que tout marchand établi depuis un an, ne pouvait *cesser son état* sans être regardé comme suspect et arrêté comme tel.

Dès le 1er du même mois, on avait autorisé les municipalités à s'emparer de toutes les marchandises expédiées pour les villes en état de rébellion, les saisies faites avant la publication de ce décret *sont approuvées*. C'était un excellent moyen d'encourager l'*industrie* des dénonciateurs.

Celle des pauvres perruquiers avait eu particulièrement à souffrir le 3 janvier précédent. Un décret avait supprimé d'un seul coup de filet, trois cent trente-une charges de coiffeurs brévetés. C'était, au surplus, une conséquence assez naturelle du système républicain, car plus on coupait de têtes, moins il fallait d'artistes en cheveux.

On connaît la loi du *maximum* et le décret qui enjoignait aux fabricans de faire la déclaration de leurs marchandises afin que le gouvernement pût les taxer selon sa haute sagesse commerciale.

Toutes ces mesures ne pouvant contribuer à la prospérité publique, le peuple souffrait, et souvent chez lui, la faim était plus forte que le républicanisme. La disette se montrait compagne fidèle de la terreur, et l'émeute, à la face blême et haletante, portait ses hideux haillons jusqu'au sein de la Convention nationale. Dans cette circonstance, les ouvriers du camp de

Paris adressèrent aux représentans de la nation une pétition aussi remarquable par sa justesse que par son laconisme : « Législateurs, on nous « a dit que vous étiez nos pères : des pères doi- « vent nourrir leurs enfans ! Il nous faut de l'ou- « vrage ou du pain ! » Tel était l'état de misère où se trouvaient la capitale et les départemens, qu'on y cachait un peu de blé ou de farine avec le même soin qu'on aurait enfoui le plus riche trésor ! Celui de la Convention n'était pas très-riche car elle avait recours aux aumônes civiques. Un décret du 9 septembre 1793, prescrit à tous les comités révolutionnaires d'exiger que chaque individu qui a plus de six chemises, en donnera au moins une pour les défenseurs de la patrie !... Aujourd'hui le pain ne vaut pas *trois sous* la livre et chaque soldat n'est pas plus sans chemise que sans culotte ; mais aussi nous n'avons pas le bonheur inconcevable de vivre sous un gouvernement républicain !

Cependant je dois en convenir, toutes les industries n'étaient pas improductives et le gouvernement en encourageait quelques-unes. Les dénonciateurs étaient payés au poids de l'or ! Des citoyens *actifs* recevaient 40 sous par jour comme soldats en disponibilité appartenant à l'armée révolutionnaire ; ils siégeaient ordinairement aux tribunes de la Convention. Pareil jeton était accordé aux *citoyennes tricoteuses.*

Chaque société populaire avait ses *journaliers*; c'étaient les claqueurs de l'époque; malheureusement ceux-ci ne se contentaient pas d'applaudir, ils jouaient eux-mêmes la comédie dans les tribunes et la tragédie dans les rues !

Le seul commerce qui prospérait un peu était celui de la joaillerie, grâce aux *preneurs* républicains, taillés à l'image des preneurs royaux des 13e et 14e siècles. Ces industriels arrêtaient les passans en plein jour et les débarrassaient de leurs montres, tabatières, boucles, épingles et généralement de tous leurs bijoux, pour en faire des dons patriotiques à la nation ! Mais aussitôt que le *donnateur* s'était libéré de leurs mains, les objets enlevés devenaient la propriété de quelque orfèvre qui les acquérait à vil prix et voyàit son comptoir transformé en autel de la patrie ! C'est de ce moment que vint la mode de porter des rubans aux souliers au lieu de boucles et cela pour cause de force majeure. Au surplus, ce *filoutage* patriotique ne dura pas long-temps, il se prolongea seulement pour les croix d'or et autres symboles religieux de quelque valeur, attendu que c'étaient des signes de fanatisme.

La vérité m'oblige pourtant à dire qu'on faisait à l'État beaucoup de dons volontaires. Les maîtres d'armes lui offraient la garde en argent de leurs épées et n'en conservaient que la lame pour *repousser les armées étrangères;* les dames de la halle déposaient leurs joyaux sur l'autel de la patrie! beaucoup de citoyennes en agissaient à cette époque comme les dames de la halle; enfin, il n'y avait pas jusqu'aux femmes d'une moralité plus que *suspecte* qui ne vinssent présenter leur tribut. L'une de ces dernières écrivait à cette occasion : « J'ai un cœur pour « aimer; j'ai amassé quelque bien en aimant; « j'en fais, entre vos mains, l'hommage à mon « pays! puisse mon exemple être imité par mes « compagnes de tous les rangs. »

Cette offre, accueillie avec reconnaissance, fut consignée au procès-verbal et jugée digne de figurer dans les annales de la vertu!

CHAPITRE X.

Comment les républicains entendaient la morale.

Il y avait d'autant plus de mérite de la part des modernes Laïs à s'occuper des besoins de l'État, que la moralité des gouvernans ne cessait de les poursuivre. Leur plus ardent adversaire était Anaxagoras Chaumette, procureur de la terrible commune. Chargé de l'exécution d'un arrêté sur les mœurs, il voulait qu'on incarcérât toutes les femmes sans vertu dans des maisons *nationales;* le pudique Anaxagoras les accusait d'agir de concert avec les ennemis de la république en cherchant à détourner les sans-culottes de leurs devoirs envers la patrie. Le *tridi*, 3 frimaire de l'an II, il lança contre elles du haut de la tribune un manifeste si éloquent qu'elles furent forcées de se cacher pour ne pas être traitées comme *suspectes*.

Beaucoup d'autres grands citoyens du temps pensaient à cet égard, comme le moral Chaumette. Le trop fameux *père Duchesne* se plaignait législativement le 17 septembre 1793 de ce que les bureaux de la police étaient sans cesse assiégés par de *jolies intrigantes* qui faisaient métier de solliciter, et il demandait que l'entrée des bureaux leur fût interdite. Sur le réquisitoire de Réal, le conseil de la commune arrêta qu'aucune de ces *jolies solliciteuses* n'aurait plus accès dans les bureaux. Voilà de la vertu, s'il en fut jamais, et la continence du romain Scipion se trouve surpassée par celle des Brutus français.

Non moins moral qu'Hébert et Chaumette, le citoyen Jault s'éleva dans le conseil de la commune, le 25 mai 1794, contre ceux qui donnaient des représentations d'animaux féroces et faisaient voir des *bizarreries* de la nature sur la place de la Révolution. « De pareilles images, « disait-il, peuvent nuire aux mœurs des ci- « toyens et des jeunes citoyennes ! les commis- « saires de police doivent donc faire cesser ce « scandale, attendu que *la vertu est à l'ordre* « *du jour.* » Excellent citoyen Jault ! puisque vous en étiez sur ce chapitre, vous auriez dû demander qu'on supprimât également tous *les autres actes de férocité* qu'on voyait sur *la place de la Révolution !* Mais, que dis-je ? aux yeux de ces apôtres de la morale, cent ou deux cents têtes tombant chaque jour sous le couteau patriotique, n'avaient rien de contraire aux mœurs républicaines !

Le décret rendu le 20 septembre 1794, toujours dans l'intention d'affermir la morale publique, contenait plusieurs articles vraiment curieux. L'un de ces articles chargeait le comité d'instruction de faire afficher chaque jour aux coins des rues, des feuilles *purement morales*, afin que de l'une à l'autre extrémité de la république, des millions d'individus pussent apprendre leurs devoirs en se promenant; aussi tout père de famille était-il tranquille sur la conduite de ses enfans, lorsque ceux-ci lui demandaient la permission de s'absenter du domicile paternel. A cette époque, envoyer promener quelqu'un, c'était contribuer aux progrès de la morale.

Tandis que les citoyens et les citoyennes couraient après la vertu dans les rues, le conseil général arrêtait, dans sa profonde sagesse, que tous ceux qui tenaient au gouvernement de la république se rendraient une fois par mois au temple de LA RAISON, pour y prier la déesse de les inspirer dans l'œuvre de la grande régénération sociale! Hélas! soit caprice, soit toute autre cause, la déesse était sourde aux prières de ses plus fervens adorateurs!

Et comment n'aurait-elle pas repoussé les vœux de ces hommes qui, loin d'avoir rien de commun avec la raison, semblaient ne suivre que les inspirations de la plus atroce folie! pouvait-elle croire au *bons sens* :

D'un Lanot? qui se proclamait le jacobin par excellence et déclarait que ce titre était pour lui le thermomètre de la probité et de la vertu!

D'un Roux Fazillac? répondant aux commissaires de la ville de Tulle qui lui demandaient la mise en liberté des individus non coupables : « Je n'examinerai pas votre liste, ce sont des « détenus, ils doivent tous périr!

D'un Amar? qui pendant son proconsulat dans le département de l'Ain, répétait sans cesse : « *Dénoncez* ! *dénoncez* ! Quoi, point de « dénonciation ! le père doit dénoncer le fils et « le fils son père! il n'y a point de vrai patrio- « tisme sans dénonciation. »

D'un Albitte? qui osa demander à la représentation du Caïus Gracchus de Chénier : *Du sang et non des lois*!

D'un Piorry? qui écrivait à la société populaire de Poitiers : « Je reviens d'une *guillotinade*, je n'en manque pas une; je suis entraîné par un pouvoir irrésistible vers cet instrument de mort! »

D'un Javogues? qui posait en principe que les propriétés étaient une usurpation faite sur les sans-culottes et que la république ne pouvait s'affermir que sur le cadavre du dernier de ses ennemis? « Mon cher, disait-il, à l'un des séides de son odieux pouvoir, il faut que les sans-culottes profitent du moment pour faire leur fortune, n'importe à quel prix; ainsi fais guillotiner tous les riches. »

Je m'arrête, car il faudrait des volumes pour retracer, même en abrégé, l'espèce de délire démagogique qui s'était emparé des cerveaux de presque tous les propagateurs du culte de la raison.

CONCLUSION.

Je sais que les défenseurs du système démocratique ne manqueront pas de crier à l'exagération, à la mauvaise foi, à la calomnie envers les *citoyens* d'une future république! Jamais, diront-ils, le sang ne souillerait nos mains! jamais on ne reverrait ce qu'on a vu! nous le jurons par l'*Être-Suprême*!

Certes, je n'élève pas le moindre doute sur la sincérité d'une pareille assurance, et je suis très persuadé que quelques-uns de ceux qui désirent en matière de gouvernement une perfectibilité impossible, sont animés du plus pur patriotisme! mais ces mêmes citoyens ne seraient pas plus puissans que ne le furent ceux de 1792, pour arrêter le torrent de l'anarchie; ce torrent les entraînerait comme il entraîna les Girondins! les armées étrangères envahiraient nos frontières et l'échafaud de Guillotin se releverait à la voix de quelqu'autre Marat, de quelque nouveau Robespierre, de quelque moderne Fouquier-Thinville! et eux aussi, ces hommes de sang, protestaient à la face du monde de leur respect pour les lois, de leur humanité!... A les entendre, ils étaient tous des philantropes par excellence! jamais la morale et la vertu n'avaient compté sous leurs saintes banières des apôtres plus dévoués! mais toutes ces sublimes utopies ne tardèrent pas à s'évanouir; car, dans toute république, le règne de la justice n'est qu'une vaine théorie; le cri de la conscience y est bientôt étouffé par celui de l'émeute, et les passions, ces laves du volcan révolutionnaire, entraînent tout ce qui tente de s'opposer à leur marche dévorante!

Puissent les faits que je viens de rapporter produire quelque impression sur l'esprit des hommes modérés! Quant à eux, je ne crains pas qu'ils m'accusent d'exagération, car il leur sera facile de se convaincre que je n'ai fait que glaner là où j'aurais pu moissonner à pleines mains : je ne redoute pas non plus qu'ils me taxent de mauvaise foi, car je n'ai jugé la république que sur des pièces déjà légalisées par devant le tribunal de l'histoire! Et pour ce qui est de la *calomnie* envers les frères et amis, passés, présens et à venir, je suis aussi sans aucune crainte : il ne peut y avoir calomnie là où il y a preuve irréfragable.

Oui, je défie le partisan le plus fanatique du gouvernement républicain, d'attaquer, sous le rapport de la vérité, le tableau que je viens de tracer de la lutte sanglante des factions, depuis la chute de la royauté jusqu'à son rétablissement dans la personne du consul Bonaparte! je défie cet avocat liberticide de prouver que pendant les huit années d'existence que la valeur de nos armées procura à la république, la justice, l'humanité, la morale et la religion ne furent pas constamment outragées, que les finances, le commerce, l'industrie et les arts furent dans un état prospère; que la propriété fut respectée et le domicile inviolable; enfin, que la liberté de la presse et la liberté individuelle ne furent pas sans cesse en butte aux persécutions du gouvernement modèle.

Eh! ce serait pour nous replacer sous le joug du plus odieux des esclavages, qu'on voudrait briser le palladium de nos libertés! qu'on voudrait substituer à un roi citoyen, trente citoyens despotes! Dieu sauve la France d'un si terrible bonheur!

Celui dont nous jouissons peut bien ne pas convenir à quelques ambitions déçues, à quelques ultra-légitimistes de droit divin, à quelques fauteurs de désordres, à quelques Gracchus armés de griffes agraires; mais il est de nature, ce me semble, à satisfaire tous ceux qui aiment un peu leur patrie pour elle-même, et qui pensent que redevenue, par un heureux concours de circonstances, bien plus forte, bien plus puissante et bien plus riche qu'elle ne l'était en 1791, la France doit, pour se maintenir dans cette situation, rester fidèle à la Charte de 1830 et à la dynastie constitutionnelle que la volonté du peuple de Juillet a élevée sur le pavois de la royauté ! hors de là, il n'y aurait pour le pays que malheur et misère ! comme par le passé, il nous faudrait subir toutes les tortures de la terreur et de la faim ! comme par le passé, il nous faudrait attendre dans une épouvantable agonie, que le sabre du conquérant vînt nous délivrer du glaive du bourreau !...

FIN.

TABLE DES SOMMAIRES.

IMPRIMERIE DE DAVID, FAUBOURG POISSONNIÈRE, N. 1.

www.ingramcontent.com/pod-product-compliance
Lightning Source LLC
LaVergne TN
LVHW011953160826
845678LV00002B/523

* 9 7 8 2 3 2 9 6 8 6 0 1 1 *